Simon Albrecht

Game Boy™
selbst restaurieren
und reparieren

Eine kleine Anleitung
für Anfänger

Copyright: © 2021 Simon Albrecht

Herstellung und Verlag:
BoD – Books on Demand
Norderstedt

ISBN   978-3-754-32408-0

Bibliografische Information der Deutschen Nationalbibliothek:
Die Deutsche Nationalbibliothek verzeichnet diese Publikation in der Deutschen Nationalbibliografie; detaillierte bibliografische Daten sind im Internet über http://dnb.d-nb.de abrufbar.

Inhalt

1. Einführung

Nintendo hat mit dem *Game Boy* eine der beliebtesten Konsolen der Welt erschaffen. Als Kind habe ich es geliebt, damit zu spielen. Ich kann mich noch sehr gut daran erinnern, wie ich Anfang der 90er-Jahre meinen *Game Boy* zum Geburtstag geschenkt bekommen habe. 2015 habe ich ihn im Keller wieder gefunden. Leider ging er nicht mehr an. Ich war kurz davor, ihn wegzuschmeißen, dann dachte ich mir jedoch, dass es irgendeine Lösung geben muss, ihn wieder hinzukriegen.

Nachdem ich ein wenig recherchiert, ihn aufgeschraubt und ein paar Kleinigkeiten in Ordnung gebracht hatte, ließ er sich wieder problemlos einschalten.

Seitdem bin ich ein leidenschaftlicher Bastler. Der *Game Boy* ist einfach zum Kultobjekt geworden. Noch heute wird er gern verschenkt oder einfach ins Regal gestellt. Jedoch verschlechtert sich über die Jahre das Aussehen und es kann passieren, dass das Gerät sich nicht mehr starten lässt. Genau dafür habe ich dieses Buch geschrieben: als idealen Einstieg für Anfänger.

Auf den folgenden Seiten werde ich dir zeigen, wie du deinen *Game Boy* Schritt für Schritt restaurieren und reparieren kannst. Du wirst sehen, wie einfach das ist. Das Restaurieren eines *Game Boy*s kann bis zu drei Tagen dauern. Das Vergilbte zu entfernen, dauert etwas länger, da es zwei bis drei Tage dem UV-Licht ausgesetzt werden muss. Ich habe ein paar Bilder hinzugefügt, damit du die Arbeiten besser nachvollziehen kannst. Das Modifizieren und Verändern eines *Game Boy*s wird hier nicht gezeigt, dafür gibt es genügend Videos auf YouTube.

Mit diesem Buch will ich mein Wissen und meine gesammelte Erfahrung an dich weitergeben. Ich hoffe, dass es dir viel Zeit und Mühe sparen kann.

2. Fakten zum *Game Boy*

Der *Game Boy* wurde 1989 zuerst in Japan verkauft. Gunpei Yokoi von *Nintendo* hat das tragbare Gerät entwickelt. Er war einer der einflussreichsten Entwickler in der Geschichte von *Nintendo*. Darüber hinaus ist er der Schöpfer des digitalen Steuerkreuzes, auch *D-Pad* genannt, das heute bei nahezu allen Konsolen präsent ist. Bevor er den *Game Boy* kreiert hat, war er bei *Nintendo* für Wartungsarbeiten zuständig. Gunpei hat in seiner Freizeit versucht, den *Game Boy* zu entwickeln. Das änderte sich, als der Präsident von *Nintendo*, Hiroshi Yamauchi, das Gerät sah. Er hat ihm daraufhin dabei geholfen, eine tragbare Konsole daraus zu machen. Leider ist Herr Yokoi 1997 bei einem Autounfall verunglückt.

Der *Game Boy* war nur zusammen mit dem Spiel *Tetris* erhältlich. Dadurch wurde Tetris zum meistverkauften Computerspiel aller Zeiten. Skeptiker haben dem *Game Boy* keine Chance gegeben. Sie meinten, dass der Bildschirm zu klein wäre. Außerdem konnte man die Spiele nur in Schwarz-Weiß spielen.

Die kompakte Größe und der geringe Batterieverbrauch erwiesen sich jedoch als entscheidender Vorteile gegenüber den anderen Konsolen wie zum Beispiel dem *Sega Game Gear*.

Der *Game Boy* war nicht das erste Handheld-System, das *Nintendo* auf den Markt brachte. Das Unternehmen veröffentlichte 1980 auch schon den *Game and Watch*. 1993 hat der *Game Boy* auch eine Reise ins All unternommen: Der Astronauten Aleksandr A. Serebrov hat ihn zur Weltraumstation mitgenommen. Er war dafür bekannt, dass er im Weltraum gerne *Tetris* gespielt hat.

Einige sagen auch, dass *Game Boy* die Selfie-Fotografie erfunden hat, denn 1998 wurde eine *Game-Boy*-Digitalkamera mit Thermodrucker auf den Markt gebracht, die es den Spielern ermöglichte, Bilder von sich selbst aufzunehmen und auszudrucken.

Im Laufe der Jahre kamen noch weitere *Game-Boy*-Versionen heraus. Zum Beispiel der *Game Boy Pocket*, eine etwas kleinere Version, und der *Game Boy Color*. Mit diesem Handhelden konnte man die Spiele das erste Mal in Farbe genießen.

3. Allgemeines

Technische Daten

Der *Game Boy Classic* ist ein 8-Bit-Videospielsystem. *Bit* bezeichnet die Leistungsfähigkeit der Konsolen. Die heutigen Konsolen haben bis zu 256 Bit, was eine viel bessere Bildauflösung zur Folge hat. Vereinfacht gesagt haben 256-Bit-Spiele gegenüber 8-Bit-Spielen eine höhere Farbtiefe. Der *Game Boy* wiegt 220 Gramm und erreicht eine Spieldauer von 30 Stunden, was er den vier Mignon-Batterien (1,5 V) zu verdanken hat. Die Modelle danach, wie *Game Boy Pocket* und *Game Boy Color,* haben nur eine Spieldauer von ca. 10 Stunden.

Der *Classic* ist mit 148x90x32 mm etwas größer als die anderen *Game-Boy*-Modelle. Hinzu kommt, dass er eine Bildschirmgröße von 4,7x4,3 cm und eine Auflösung von 160x144 Pixel hat. Wie die meisten Handhelds ist die Spielkassette auswechselbar.

Alter vom *Game Boy* bestimmen

Um herauszufinden, wie alt dein *Game Boy* ist, musst du die Seriennummer überprüfen. Wenn die Seriennummer mit G0, G1 oder G2 anfängt, dann wurde dein *Game Boy* zwischen 1989 und 1992 hergestellt. Wenn hingegen die Seriennummer mit G3, GH oder GM startet, dann wurde er zwischen 1993 und 1997 auf den Markt gebracht.

Dieser hier beispielsweise muss zwischen 1989 und 1992 hergestellt worden sein.

Aufbau

Auf dem folgenden Bild siehst du den *Game Boy* in seinen Einzelteilen.

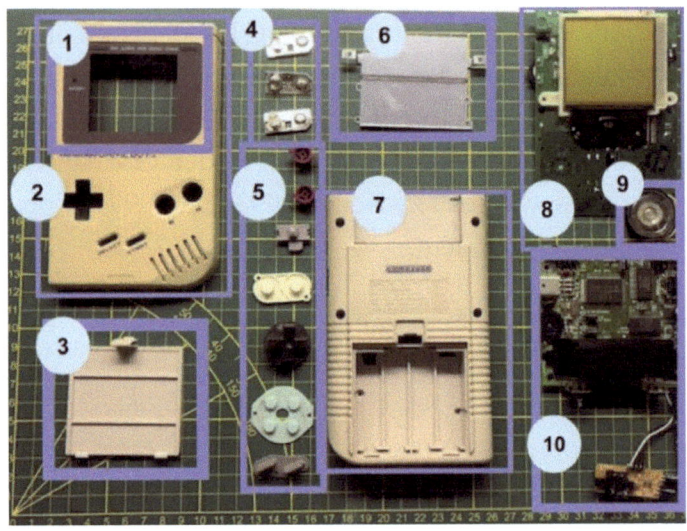

1. Displayschutz
2. Gehäuse von vorne
3. Batteriedeckel
4. Federkontakte
5. Silikon und Kontrolltasten
6. Schutzteil
7. Gehäuse von hinten
8. CPU-Board mit Display
9. Lautsprecher
10. Zweites CPU-Board

Die wichtigsten Bedienelemente des *Game Boy* befinden sich auf dem CPU-Board mit Display in der unteren Hälfte der Vorderseite (siehe Bild-Markierung 8). Dort sind die vier Bedientasten mit den Bezeichnungen *A, B, Select* und *Start* sowie ein Steuerkreuz, mit dem du lenken kannst. Auf der rechten und linken Seite des *Game Boy* befinden sich ein Lautstärke- und ein Kontrastregler. Oberhalb findest du einen Ein-/Aus-Schalter. Hinten werden die Batterien und Spielkassetten eingeführt.

Beschaffung eines *Game Boy*

Es gibt viele Arten, sich einen *Game Boy* zu beschaffen: auf dem Flohmarkt, bei Freunden, Eltern oder Verwandten. Auf jeden Fall findest du genügend im Internet, beispielsweise bei *eBay*-Kleinanzeigen. Leider sind *Game Boy Classics* sehr begehrt. Selbst für eine defekte Konsole muss man bis zu 35 Euro zahlen, 75 Euro in gutem Zustand (Stand 2021).

4. Werkzeuge/Arbeitsmittel

Ich habe eine Liste mit den wichtigsten Arbeitsmaterialien erstellt. Am Anfang wirst du etwas investieren müssen, danach bist du aber bestens für zukünftige Projekte ausgerüstet. Die Sachen kannst du problemlos bei Amazon kaufen, alles zusammen kostet ungefähr 90 Euro.

Arbeitsmaterial	Kosten
Tri-Wing-Schraubendreher-Set	10 Euro (Set enthält auch einen Kreuzschlitzschrauber und anderes nützliches Zubehör)
Kreuzschlitzschraubendreher	siehe oben
Lötkolben-Set	20 Euro
Zahnbürste	1 Euro
Wattestäbchen	0,69 Euro
Isopropanol (99 % Reinigungsalkohol)	10 Euro (1 Liter)
Essigessenz mit 25 % Säure	0,59 Euro
Allzwecktuch	0,79 Euro
Wasserstoffperoxid (11,9 %)	13 Euro (1 Liter)

Aufbewahrungsbox (durchsichtig)	5 Euro
UV-LED-Streifen	20 Euro
Spülmittel	0,79 Euro
Lackierpinsel-Set	2,25 Euro
Alufolie	1,45 Euro
Frischhaltefolie	1,39 Euro
Einweghandschuhe 100 Stück	7 Euro
Gelatine	0,85 Euro

Hier noch eine Besonderheit bei dem Schraubendreher.

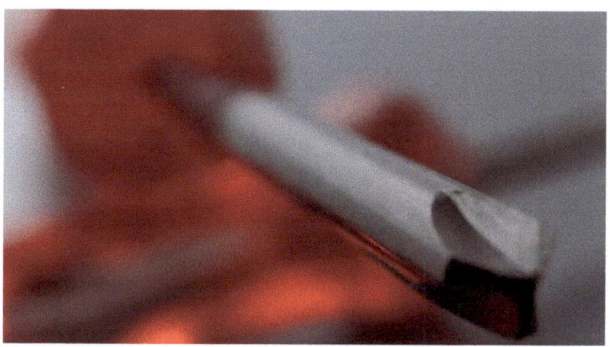

Kreuzschlitzschraubendreher und Tri-Wing-Schraubendreher unterscheiden sich in der Form. Der Tri-Wing-Schraubenkopf ähnelt einem Propeller. Geplant war der Einsatz bei der Luftfahrt und beim Militär.

5. Häufige Probleme

Es gibt Probleme, die immer wieder auftreten. Um dir einen besseren Überblick zu verschaffen, habe ich die zehn häufigsten Fälle zusammengestellt. Die meisten Reparaturen kannst du problemlos selbst durchführen. In der Regel reicht es, deinen *Game Boy* gründlich mit Isopropanol zu reinigen, denn viele Teile sind ganz einfach nur korrodiert oder verunreinigt.

1. Dein *Game Boy* will nicht starten

Du hast neue Batterien in deinem *Game Boy*, aber trotzdem will er nicht starten? Dann liegt es vielleicht an den Federkontakten im Batteriefach. In der Regel sind die korrodiert. Das lässt sich einfach beheben: Dafür nimmst du Essigessenz mit 25 % Säure und reinigst die korrodierte Stelle mit einer Zahnbürste. Lass es fünf Minuten einwirken, aber achte darauf, dass du es nicht zu lange einwirken lässt, das führt sonst zu Oxidation und es könnte sein, dass die Legierung abgeht. Danach solltest du die Kontakte noch mal mit Isopropanol sauber machen. Im Regelfall müsste dein *Game Boy* jetzt wieder starten.

Sollte es dennoch nicht funktionieren, dann solltest du den *Game Boy* öffnen und dir das Innenleben anschauen. Kann sein, dass die Platine verschmutzt ist und du sie mit Isopropanol reinigen musst. Das kannst du am besten wieder mit der Zahnbürste machen. Eine ausführliche Beschreibung gibt es noch in Kapitel 6.

2. Logo ist beim Start verpixelt

Wer kennt das nicht: Du willst deine Handheld-Konsole starten, aber leider bleibt sie beim Start hängen, wie eingefroren, und du siehst nur ein verpixeltes *Nintendo*-Logo. Dann einmal in den *Game Boy* gepustet und schon funktioniert es wieder. – Aber genau das solltest du nicht machen! Bitte niemals in die Konsole oder in das Spiel pusten, denn auf Dauer kann das die Elektronik beschädigen. Reinige stattdessen dein Spiel und den Aufnahmeschacht deiner Spielkonsole mit Isopropanol. Nimm dazu ein Wattestäbchen.

3. *Game Boy* startet, aber es erscheint kein Bild

Überprüfe bitte, ob der Kontrast richtig eingestellt ist. Eventuell ist er zu hell oder zu dunkel eingestellt. Gegebenenfalls musst du den Kontrastregler reinigen. Dazu ist es erforderlich, deine Spielkonsole zu öffnen. Nimm eine Zahnbürste und ein Wattestäbchen, um die betreffenden Stellen mit Isopropanol zu reinigen. Nachlöten kann auch helfen. Dazu nimmst du den Lötkolben und Lötzinn. Dadurch erreichst du, dass die Leitungen wieder besser funktionieren. Hierbei handelt es sich um eine kalte Lötstelle. Kalte Lötstellen entstehen durch Verunreinigung der Fügefläche durch Fremdstoffe, Fette oder es besteht keine Verbindung zwischen Lot und Fügepartner. Die Stelle mit einem Lötkolben erhitzen und mit ein wenig frischem Lot neu befestigen. Achte darauf, dass die Bauteile nicht zu lange und zu stark erhitzt werden.

Der Lötzinn muss eine Tropfenform auf der Stelle gebildet haben, damit sie ganz vom

Lötzinn ausgefüllt ist.

4. Bildschirm flackert, wenn man am Kontrastregler dreht

Auch dieses Problem kannst du mit Isopropanol lösen. Kann sein, dass diese Stelle verschmutzt ist. Als Kinder haben wir nicht immer unsere Hände nach dem Essen sauber gemacht und vielleicht mal den Kontrastregler mit Fettfingern bedient, sodass Schmutz hineingekommen ist. Drehe am Kontrastregler, während du ihn mit Isopropanol reinigst, dadurch kann das Isopropanol in die Lücken gelangen. Vieles lässt sich beheben, indem du die Stellen einfach nur sauber machst.

5. Vertikale Linien

Das leitfähige Material des Flachbandkabels weist mikroskopisch kleine Brüche auf. Dadurch entstehen sogenannte *tote Pixel*. Diese

Störung kannst du mit einem Lötkolben beheben.

Das schwarze Isoliergummi muss dafür entfernt werden, am besten mit einer Pinzette. Es lässt sich danach problemlos wieder drankleben. Den *Game Boy* lässt du während der Arbeit an, so kannst du die vertikalen Linien besser sehen. Halte den Lötkolben leicht und ganz kurz auf das Flachbandkabel, nicht länger als zwei Sekunden. Das Flachbandkabel kann beschädigt werden, wenn es der Hitze zu lange ausgesetzt ist. Du kannst die Veränderung direkt auf dem *Game-Boy*-Display sehen. Diese Arbeit kann etwas Zeit in Anspruch nehmen. Du musst das Kabel zwischenzeitlich abkühlen lassen, am besten eine Viertelstunde. Du wirst sehen, dass sich die Linien zurückgezogen haben.

6. Horizontale Linien

Die horizontalen Linien behebst du, indem du das weiße Plastik am Rand erwärmst – aber nicht mit einem Lötkolben, das wäre für die Stelle zu heiß. Stattdessen kannst du einen Schlitzschraubendreher nehmen und dessen Spitze mit einem Lötkolben erhitzen. Du musst ähnlich vorgehen wie bei den vertikalen Linien: kurz ansetzen und auf dem Display schauen, was passiert.

7. Screen cancer auf dem Display

Das lässt sich leider nur schwer beheben. In den meisten Fällen ist es besser, das Display auszutauschen. Es ist schwer zu sagen, wie dieser Defekt entsteht. Einige gehen davon aus, dass es sich eventuell um ein Problem mit dem Klebstoff zwischen den beiden Glasscheiben handelt, aus denen der Bildschirm besteht. Eventuell wurde dein *Game Boy* über die Jahre übermäßigem Druck, Feuchtigkeit oder Temperaturschwankungen ausgesetzt. Keiner weiß es ganz genau. Du bekommst es möglicherweise wieder hin, indem du das Display mit einem Wattestäbchen bearbeitest. Dabei versuchst du, mit Kreisbewegung und ein wenig Druck die schwarzen Stellen zu entfernen. Das ist sehr zeitaufwendig und du erhältst nicht immer das erwünschte Ergebnis.

8. Ton knackt beim Einstellen der Lautstärke

Die Lautsprecher werden nicht vollständig vom Gehäuse geschützt, wodurch Staub oder Ähnliches hineinkommt. Reinige die Oberfläche mit Isopropanol. Wenn das nicht funktioniert, dann muss der Lautsprecher ausgetauscht werden. Dabei löst du das gelbe Verbindungskabel von der Platine und tauscht den Lautsprecher aus.

Lautsprecher mit einem Widerstand von acht Ohm kosten zwischen fünf und acht Euro.

9. Kopfhörerbuchse funktioniert nicht

Handhelden werden oft in der Tasche transportiert und dadurch sammelt sich Schmutz in der Buchse an. Mit einer Stecknadel kannst du den Dreck herauspulen. Wenn das nicht funktionieren sollte, öffne den *Game Boy* und reinige die Stelle mit Isopropanol.

10. Die Tasten funktionieren nicht oder sind schwer zu bedienen

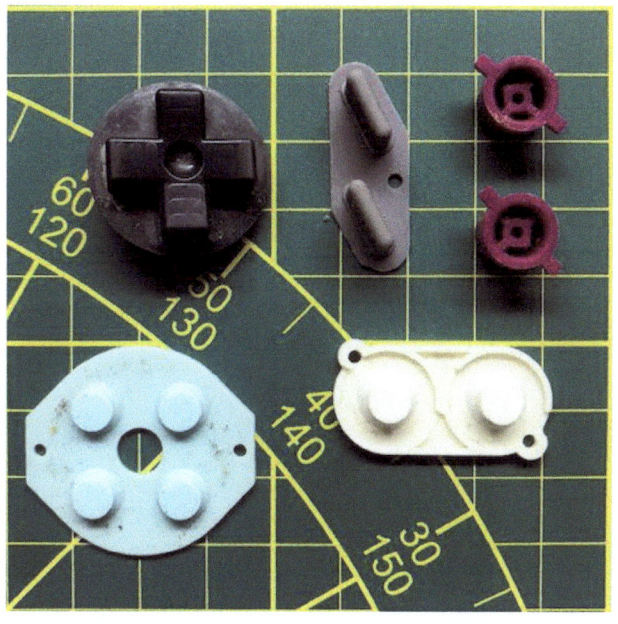

Über die Jahre hat sich im *Game Boy* Dreck angesammelt. Es ist also kein Wunder, dass die Tasten nicht mehr richtig funktionieren. Mit Wasser und Spülmittel kannst du das Problem beheben. Die Teile sehen leider nicht immer so sauber aus. Ich persönlich habe schon mal beim Restaurieren Puddingreste zwischen den Kontrolltasten A und B gefunden. Leider werden Spielkonsolen nicht immer behutsam behandelt.

Wie genau du das reinigen kannst, siehst du im Kapitel 6.

6. *Game Boy* restaurieren

In diesem Teil zeige ich dir in vier Schritten (Abbau, Reinigen, Vergilbung entfernen und Zusammenbau) wie du deinen *Game Boy* auf Vordermann bringst. Ersatzteile kannst du bei ebaykleinanzeige.de, eBay.de oder Amazon.de kaufen; sie sind in der Regel nicht teuer. Verunreinigungen sind einer der Hauptgründe, warum elektronische Geräte nicht funktionieren. Fangen wir an.

Teil eins: Aufbau

Was wird benötigt: Tri-Wing-Schraubendreher, Kreuzschlitzschraubendreher, Isopropanol.

Fangen wir mit der Rückseite an. Es befinden sich dort sechs Tri-Wing-Schrauben, die du lösen musst.

Entferne danach das Flachbandkabel. Achte darauf, dass du es vorsichtig nach unten abziehst.

Als Nächstes entfernst du die 13 Schrauben mit einem normalen Kreuzschlitzschraubendreher. Achtung: Einige Schrauben werden sich nicht so einfach rausdrehen lassen, von daher gehe bitte behutsam vor. Es besteht die Gefahr, dass du die Schraube rund drehst. Benutze einen Kreuzschlitzschraubendreher, der zum Schraubkopf passt. Falls es doch passieren sollte, nimm zum Lösen ein Einmachgummi. Diesen legst du auf den Schraubkopf. Mit diesem Trick kannst du die Schraube auch dann noch lösen, wenn du die Schlitze rundgedreht hast.

Bei der Platine mit dem Lautsprecher (links auf dem oberen Bild) musst du bitte behutsam vorgehen. Sie lässt sich nur schwer herausnehmen. Benutze dabei ein Gitarren-Plektron oder etwas Ähnliches.

Als Nächstes werden die Federkontakte entfernt. Drücke zugleich oben und von der Seite gegen die Sicherung, wie oben auf dem Bild zu sehen. Es ist ein wenig Fingerspitzengefühl notwendig. Hierzu habe ich mir zwei Schraubendreher zur Hilfe genommen.

Die Displayscheibe lässt sich mit Isopropanol entfernen. Es reicht, wenn du davon etwas auf die beklebte Stelle gibst. Falls dein Displayschutz kleine Kratzer hat, kannst ihn es mit Scheibenpolitur glätten. Ansonsten empfehle ich dir, eine neue Displayscheibe zu kaufen.

Den Schutzstreifen kann du ebenfalls mit Isopropanol ablösen und später wieder draufkleben.

Teil zwei: Reinigen

Was wird benötigt: Zahnbürsten, Isopropanol, Wattestäbchen, Pinsel, Spülmittel, Wanne/Behälter, Essigessenz mit 25 % Säure.

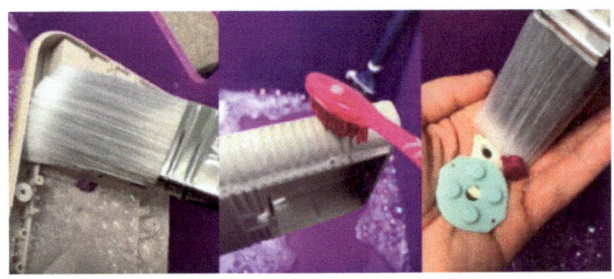

Beginnen wir damit, deinen *Game Boy* mit Spülmittel und warmem Wasser zu reinigen. Ich benutze hierfür gerne einen Pinsel und eine Zahnbürste. Mit dem Pinsel kommst du sehr gut in die Lücken. Darüber hinaus lassen sich die Knöpfe und die Silikonteile prima reinigen. Pass auf die Silikonteile auf, da diese sehr empfindlich sind. Mit der Zahnbürste kannst du hartnäckigen Schmutz beseitigen. Zum Schluss mit klarem Wasser abspülen und trocknen lassen.

Jetzt zur Elektronik. Du kannst dir gar nicht vorstellen, wie verunreinigt die Platine sein kann. Dafür wirst du einige Wattestäbchen verbrauchen, das garantiere ich dir.

Zum Reinigen benutzt man Isopropanol. Es verdunstet schnell, hinterlässt nahezu keine Rückstände, entfettet und entfernt Wasser von der Oberfläche. Dieser Reiniger ist vielseitig einsetzbar. Typische Anwendungen sind die Reinigung von Leiterplatten und elektronischen Geräten. Aber Vorsicht: Halte es von Wärmequellen fern.

Als Behälter benutze ich den Deckel der Flasche. Mit einem Wattestäbchen entfernst du erst mal den groben Schmutz. Benutze zum Abschluss noch mal die Zahnbürste. Beachte bitte, dass du dabei nicht zu stark aufdrückst. Dadurch verhinderst du, dass die Platine beschädigt wird.

Die Federkontakte legst du für fünf Minuten in Essigessenz mit 25 % Säure. Bitte nicht länger als fünf Minuten einwirken lassen, weil sonst die Schutzschicht abblättert. Dann mit Wasser abspülen und mit Isopropanol nachreinigen. Die Federkontakte korrodieren schnell.

Teil drei: Vergilbungen entfernen

Was wird benötigt: UV-LED-Streifen, durchsichtige Plastikbox, Wasserstoffperoxid 11,9 %, Gelatine, Plastikfolie, Pinsel, Box zum Umrühren, Einweghandschuhe, Alufolie, Tesafilm, Zeit.

Durch Sonneneinwirkung oder Nikotin können
sich schnell Ablagerungen auf Plastik bilden.
Leider bekommst du das nicht mit Wasser und

Spülmittel weg. Es gibt viele Möglichkeiten, die Vergilbungen von Kunststoffgegenständen zu entfernen, zum Beispiel kannst du das Gehäuse ganz einfach für paar Stunden in die Sonne legen. Ich bevorzuge Wasserstoffperoxid. Aber Vorsicht: Wasserstoffperoxid ist sehr ätzend. Es ist wichtig, dass du während der Arbeit Gummihandschuhe trägst, denn konzentriertes Wasserstoffperoxid kann zu brennenden Verätzungen auf der Haut und auf der Schleimhaut führen. Wasserstoffperoxid lässt die Haut sehr schnell austrocknen. Halte es fern von Kindern und bewahre es sicher auf. Wasserstoffperoxid wird unter anderem zum Haarefärben benutzt, du bekommst es in jeder Drogerie. Ich verwende 11,9-prozentiges Wasserstoffperoxid, damit geht es schneller.

Für eine UV-LED-Box benötigst du nur eine durchsichtige Plastikbox, UV-LED-Streifen, Klebestreifen und Alufolie.
Als Erstes klebst du die UV-LED-Streifen mit Klebestreifen auf die Plastikbox.

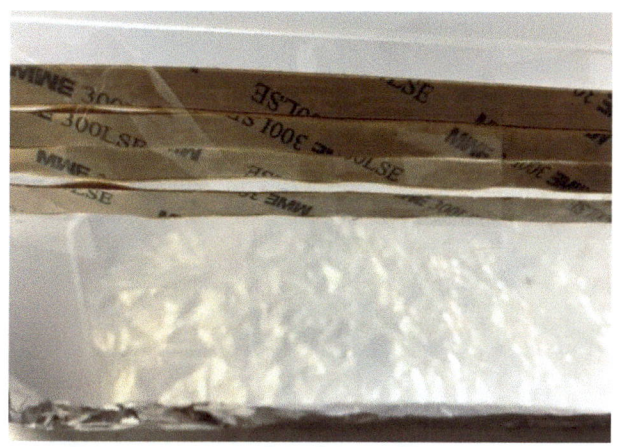

Achte darauf, dass die UV-LED-Streifen oberhalb der Plastikbox befestigt werden. Positioniere sie nicht zu nah am Gehäuse, sonst könnten Brandstellen auf der Oberfläche entstehen. Das ist mir leider mit meiner Playstation 1 passiert (siehe unten).

Bedecke die restlichen freien Stellen mit
Alufolie.

Als Nächstes benötigen wir eine kleine Box
zum Umrühren, Gummihandschuhe,
Frischhaltefolie, Pinsel, Gelatine und
Wasserstoffperoxid.

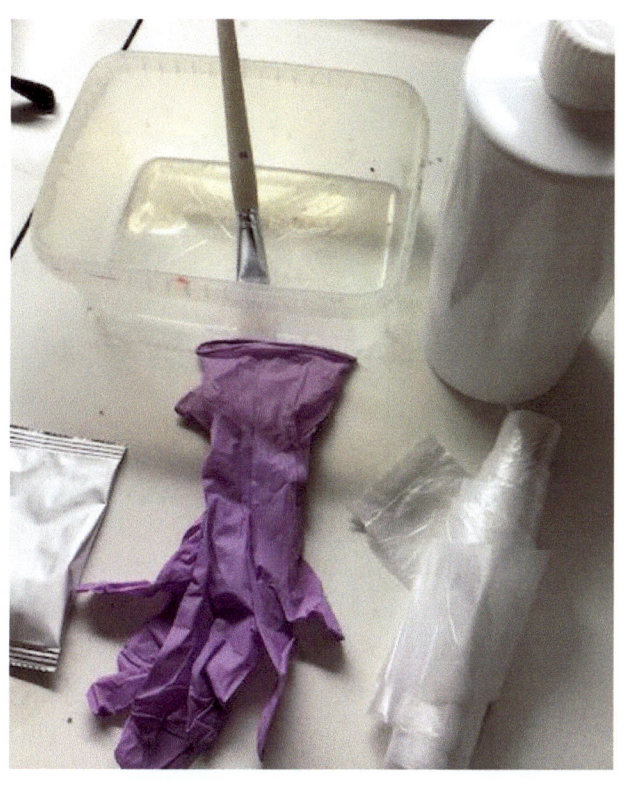

Wichtig. Trage während der ganzen Arbeit
Gummihandschuhe.

Lege das Gehäuse auf eine Plastikfolie.
Vermische die Gelatine mit dem
Wasserstoffperoxid. Das beste Verhältnis ist
drei (Gelatine) zu eins (Wasserstoffperoxid).
Verwende am Anfang weniger
Wasserstoffperoxid, taste dich an das richtige
Verhältnis heran. Die Mischung sollte die
gleiche Konsistenz wie Tapetenkleister haben.
Streiche diese Mischung nun auf die Schale,
danach wickelst du sie mit Frischhaltefolie ein.
Du kannst auch einen Plastikbehälter mit drei
Liter Wasserstoffperoxid füllen. Dann musst du
das Gehäuse hineinlegen und mit etwas
beschweren, denn das *Game-Boy*-Gehäuse wird
oben schwimmen, wenn du es nicht machst.
Meiner Meinung nach ist diese Methode auf
Dauer aber zu kostspielig.

Hast du alles gut eingepackt, ist es Zeit, die Plastikteile in die UV-Box zu legen. Danach bedeckst du die Oberfläche mit der restlichen Alufolie. Somit entweicht kein UV-Licht aus der Plastikbox.

Ich hoffe, du siehst den Unterschied.

Teil vier: Zusammenbau

Was wird benötigt: Ersatzteile (eventuell), Schraubendreher, Putztuch.
Du hast es fast geschafft. Achte vor dem Zusammenbauen darauf, dass alle Teile trocken sind. Lass sie am besten über Nacht trocknen. Dadurch erreichen wir, dass die Elektronik unbeschädigt bleiben.

Dann schraubst du die Metallplatte an. Danach
kommt die Platine rein.

Füge vorher den Ein-Aus-Schalter ein. Danach

kannst du die Platine zuschrauben.

Als Nächstes führst du die Kontaktfeder ein. Dabei ist zu beachten, dass du die Kontaktfeder mit der Kennzeichnung *W1* oben einführst. Die anderen beiden Kontaktfedern sind mit *W2* gekennzeichnet und gehören unten hin.

Fangen wir mit dem nächsten Gehäuse an: Füge die Schutzfolie für das Display ein und danach den Displayschutz. Mach alles vorher mit einem Lappen sauber. Dadurch verhinderst du, dass man deine Fingerabdrücke sieht.

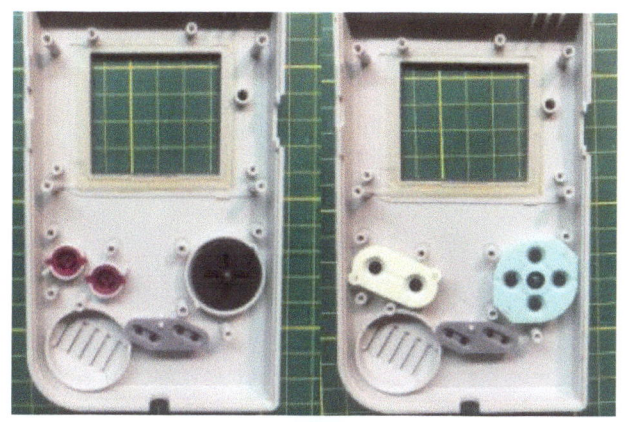

Wie du auf dem Bild siehst, habe ich als Nächstes die Steuerungsknöpfe und die Silikonteile eingesetzt, danach ist das CPU-Board an der Reihe.

Hier siehst du noch mal, wo die Schrauben hingehören. Ich hatte am Anfang meine Probleme damit.

Meiner Meinung nach kommt jetzt die schwierigste Aufgabe beim Restaurieren, und zwar muss jetzt das Flachbandkabel wieder eingesteckt werden. Verwende am besten Daumen und Zeigefinger, um den Stecker vorsichtig einzuschieben.

Jetzt musst du nur noch die Tri-Wing-
Schrauben festdrehen.

Zum Schluss noch die Batterien rein, umdrehen und fertig ist dein (fast) neuer *Game Boy*. Ich hoffe, es hat dir Spaß gemacht.